Inhalt

**Branchenreport CHEMIE & KUNSTSTOFFE
Ausgabe 2/2014**

Branchenreport CHEMIE & KUNSTSTOFFE Ausgabe 2/2014

Anja Schneider

Kernthesen

- In der ersten Jahreshälfte 2014 belebte sich das Inlandsgeschäft der deutschen chemischen Industrie, Produktion und Umsatz legten zu.
- Das zweite Quartal lief dabei schlechter als erhofft, was den Branchenverband zu einer Absenkung der Jahresprognose veranlasste.
- Für das Gesamtjahr 2014 stellt er ein leichtes Wachstum der Produktion um 1,5 Prozent und beim Umsatz ein kleines Plus von einem Prozent auf 192,5 Milliarden Euro

in Aussicht.

Beitrag

Die Branche im Überblick - Wachstumsaussichten für 2014 gesenkt

Der Aufschwung der deutschen Chemiebranche gestaltet sich mühsam. Die aktuelle unsichere geopolitische Lage fordert ihren Tribut und dämpft die Nachfrage nach Chemieprodukten. Das zweite Quartal lief schlechter als erhofft. Die Branche senkte mittlerweile ihre Wachstumsprognosen für das gesamte Jahr 2014: Sie rechnet 2014 mit einem Anstieg der Chemikalienproduktion um 1,5 Prozent; bisher wurde ein Plus von zwei Prozent erwartet. Beim Umsatz stellt sie einen Zuwachs von einem Prozent auf 192,5 Milliarden Euro in Aussicht; bisher wurde ein Plus von 1,5 Prozent angestrebt. (1)

Die Chemieindustrie ist die drittgrößte Industriebranche in Deutschland (hinter Kraftfahrzeugbau und Maschinenbau), der sechstgrößte Arbeitgeber (nach Maschinenbau, Bau, Automobil, Elektro- und Ernährungsindustrie) und der zweitgrößte FuE-Investor (nach der Autoindustrie). Fast 17 Prozent der Aufwendungen für Forschung und Entwicklung der Industrie kommen aus der Chemie. 50 Prozent der Produkte liefert die chemische Industrie an Kunden innerhalb der Branche, 30 Prozent verarbeiten andere Industriezweige, 15 Prozent werden direkt vom Verbraucher gekauft und fünf Prozent nimmt der Dienstleistungssektor ab. Größter Kunde der chemischen Industrie sind die Kunststoffverarbeiter vor der Auto-, Verpackungs- und Bauindustrie. Das geografische Zentrum der deutschen Chemieindustrie liegt am Rhein: In Nordrhein-Westfalen entsteht ein knappes Drittel des Chemieumsatzes. Es folgen Rheinland-Pfalz und Hessen. Sachsen-Anhalt ist der wichtigste Standort in den neuen Bundesländern.

Halbjahresergebnisse 2014

Im ersten Halbjahr 2014 lag der Umsatz der deutschen Chemieunternehmen bei rund 98 Milliarden Euro. Das waren zwei Prozent mehr als im Jahr zuvor. Die Produktionsmenge konnte ausgeweitet werden. Die Branche profitierte von einem deutlich belebten Geschäft im Inland; der Inlandsumsatz stieg um 3,5 Prozent auf 40 Milliarden Euro. Die Chemieimporte steigen um vier Prozent.

Der Auslandsumsatz legte hingegen nur geringfügig um ein Prozent auf insgesamt 58 Milliarden Euro zu. Die Zahl der Arbeitsplätze in der Branche erhöhte sich leicht um 0,5 Prozent und liegt aktuell bei rund 440 000 Mitarbeitern. Um ihre Innovationsfähigkeit zu stärken, braucht die deutsche Chemieindustrie mehr naturwissenschaftlichen Nachwuchs. Gesucht werden vor allem Techniker, Laboranten, Facharbeiter, Chemie- und Verfahrensingenieure, Elektrotechnik- und Maschinenbauingenieure, Personal in Fachgebieten wie Oberflächenchemie und physikalische Chemie sowie in der Forschung an der Grenzflächenkatalyse. (2), (3)

Die Basischemikalien standen in den ersten sechs Monaten des Jahres unter Druck: Die Herstellung von Polymeren ließ um 1,5 Prozent nach. Noch schlechter entwickelte sich das Geschäft mit anorganischen Grundstoffen. Die Produktion von Industriegasen, Düngemitteln und anderen anorganischen Grundstoffen sank um 3,5 Prozent. Eine positive Ausnahme unter den Basischemikalien bildeten lediglich die Petrochemikalien mit einem Plus von 0,5 Prozent.

Die Geschäfte mit Fein- und Spezialchemikalien liefen im ersten Halbjahr gut. Die Produktion legte um insgesamt sechs Prozent im Vergleich zum Vorjahreszeitraum zu. Auch bei den konsumnahen Chemikalien wurde das Produktionsniveau des

Vorjahres um 2,5 Prozent übertroffen. Am besten entwickelte sich das Pharmageschäft; hier stieg die Produktion um sieben Prozent. (4)

Industriegase: Deutsche Linde führt global ausgerichtete Branche an

Der Markt für Industriegase ist vielfältig und hat ein breites internationales Abnehmerspektrum. Sauerstoff, Stickstoff, Argon, Wasserstoff, Acetylen, Kohlenmonoxid, Kohlendioxid, Schweissschutzgase, Edelgase und hochreine Spezialgase von Acetylen bis Xenon werden in sehr vielen Branchen benötigt. Sie werden unter anderem in der industriellen Produktion, in der Stahlproduktion, in der Chemie, Petrochemie und Raffinerie, der Papierindustrie und in der Lebensmittelbranche eingesetzt. Als Wachstumsmärkte gelten der Gesundheitsmarkt, die Elektronik, die Wasserstofftechnologie, der Energiemarkt (Fotovoltaik!) und der Umweltschutz (Abwasseraufbereitung!). Zunehmend gefragt sind nachhaltige Gaseanwendungen und Produkte, Verfahren und Dienstleistungen für eine energiesparende, umweltschonende Produktion. Der Markt für Industriegase ist weitgehend konsolidiert. Eine Handvoll großer Anbieter dominiert über drei Viertel des Weltmarkts: die deutsche Linde hat im vergangenen Jahr die Weltmarktspitze übernommen, Kopf-an-Kopf verfolgt von der französischen Air Liquide, starke Wettbewerber sind die amerikanischen Anbieter Praxair, Air Products, Chemicals Inc. sowie Airgas und die japanische Taiyo Nippon Sanso (TNS).

Lindes Umsatz kletterte 2013 um 5,2 Prozent auf 16,7 Milliarden Euro, die mit rund 63 500 Mitarbeitern in mehr als 100 Ländern erwirtschaftet wurden. Für 2014 stellte der scheidende Konzernchef Reitzle ein solides Wachstum in Aussicht, wenngleich im ersten Halbjahr kaum Wachstum erreicht wurde. Der Konzernumsatz stagnierte bei 8,2 Milliarden Euro, und das operative Konzernergebnis erreichte mit 1,896 Milliarden Euro nicht ganz das Niveau des Vorjahres. Erklärend führt der neue Konzernchef Büchele negative Wechselkurseffekte ins Feld. (5), (6)

Agrarchemie: Anhaltendes Nachfragehoch bei Pflanzenschutzmitteln, weniger Nachfrage nach Düngemitteln

Die Unternehmen der agrochemischen Industrie in Deutschland haben 2013 wieder mehr Umsatz mit Pflanzenschutzmitteln erlöst. Die Umsätze mit

Düngemitteln hingegen sanken deutlich.

Pflanzenschutz: Die deutsche Pflanzenschutz-Industrie verzeichnete 2013 erneut einen deutlichen Umsatzzuwachs. Nach Angaben des Industrieverbands Agrar e.V. (IVA) erzielten die 41 ihm angehörenden Pflanzenschutzhersteller einen Nettoinlandsumsatz von 1,506 Milliarden Euro mit Herbiziden, Fungiziden, Insektiziden und anderen Pflanzenschutzmitteln (plus 7,5 Prozent gegenüber dem Vorjahr im Direktgeschäft zwischen Industrie und Großhandel).Der Weltmarkt für Pflanzenschutzmittel wuchs im Jahr 2013 um 6,1 Prozent auf 38,5 Milliarden Euro. Deutschland belegt mit einem Anteil von knapp zehn Prozent international einen Spitzenplatz. Lateinamerika hat sich jetzt als Absatzmarkt an die Spitze gesetzt. Der Markt verteilt sich zu 27,6 Prozent auf Lateinamerika, zu 25,8 Prozent auf die Europäische Union, zu 24,1 Prozent auf Asien inkl. Japan und Ozeanien, zu 18,9 Prozent auf die USA, Kanada und Mexiko (NAFTA).

Pflanzenernährung: Der Gesamtumsatz der deutschen Düngemittelindustrie lag 2013 bei 2,99 Milliarden Euro und somit um 13,1 Prozent niedriger als im Vorjahr. Im Industrieverband Agrar e. V. (IVA) sind 13 Unternehmen der Düngemittelindustrie zusammengeschlossen. Die wichtigsten Nährstoffe sind Stickstoff, Phosphat, Kali und Kalk. (7)

Die weltweit hohe Nachfrage nach

landwirtschaftlichen Produkten führt seit Jahren zu einem kontinuierlich ansteigenden Geschäft der Anbieter von Pflanzenschutzmitteln, Mineraldüngern und Schädlingsbekämpfern. Im Produktportfolio der Agrarchemiekonzerne finden sich Saatgut, zum Beispiel für Reis, Getreide, Mais, Zuckerrohr, Soja und weitere Nutzpflanzen, Rasen und diverse Zierpflanzen und Pflanzenschutzmittel, also Fungizide, Insektizide und Herbizide, Schädlingsbekämpfer und Mineraldünger. Trotz kurzfristiger Rückschläge bleibt die Agrochemie langfristig eine Wachstumsbranche, da ohne den gezielten Einsatz ihrer Produkte der Bedarf an Lebensmitteln einer steigenden Weltbevölkerung nicht gedeckt werden kann. Die steigende Nachfrage nach Biokraftstoffen führt zu einer zusätzlichen Nachfrage nach Saatgut und Pflanzenschutzmitteln für den Anbau von Energiepflanzen. Die grüne Gentechnik soll neue Wachstumschancen generieren und das klassische Geschäft mit den Pflanzenschutzmitteln absichern. Die Anbauflächen können kaum noch ausgeweitet werden, daher muss das Wachstum durch kontinuierliche Steigerung der Agrarerträge pro Hektar erzielt werden.
Im globalen Markt dominieren sechs Unternehmen: Syngenta, Bayer Crop Science, BASF, Dow AgroSciences, Monsanto und DuPont. BASF präsentierte zum Halbjahr nahezu Stagnation in der Sparte Agricultural Solutions. Das Unternehmen

setzte 3,3 Milliarden Euro um; über alle Sparten hinweg erzielte der Chemiekonzern von Januar bis Juni über 37,9 Milliarden Euro. Der Schweizer Agrokonzern Syngenta setzt seinen Kostensenkungskurs fort, die zum Halbjahr präsentierten Zahlen hatten wenig Glanz. Der Umsatz konnte nur leicht um ein Prozent auf 8,5 Milliarden US-Dollar erhöht werden, der Gewinn sank im gleichen Maße auf 1,4 Milliarden US-Dollar. Unterm Strich bleibt Syngenta in der Stagnationsphase. (8)

Körperpflege und Haushaltspflege: Gesättigte Märkte

Die Schönheits- und Haushaltspflege hat an der Chemieproduktion in Deutschland einen Anteil von acht bis neun Prozent. Das Marktvolumen für Schönheits- und Haushaltspflegemittel insgesamt beziffert der Industrieverband Körperpflege- und Waschmittel e.V. (IKW) für 2013 auf rund 17,2 Milliarden Euro.
Der deutsche **Körperpflegemittelmarkt** hatte 2013 ein Volumen von etwa 12,9 Milliarden Euro. Der Kosmetikmarkt ist weitgehend gesättigt, das Produktangebot riesig, die Vielfalt enorm. Beim Wachstum gab es daher auch im vergangenen Jahr keine gravierenden Veränderungen; es lag bei einem

geringfügigen Plus von 0,6 Prozent. Die beiden größten Absatzbereiche sind Haarpflegemittel mit einem Viertel des Marktes und die Haut- /Gesichtspflegemittel mit einem Fünftel. Die Mund- /Zahnpflegemittel liegen auf dem dritten Platz vor der Dekorativen Kosmetik.Das Marktvolumen für **Haushaltspflege** (Universal- und Spezialwaschmittel, Waschhilfsmittel wie Weichspüler, Waschzusätze, Vorbehandlungs-, Wäschepflege- und Spezialbehandlungsmittel, Geschirrspülmittel, Haushaltsreinigungsmittel, Wohnraumpflegemittel, Lederpflegemittel, Autopflegemittel, Spezialputz- /Pflegemittel) betrug 2013 erneut etwas über 4,6 Milliarden Euro. Das Wachstum lag bei plus 0,2 Prozent. Der größte Umsatzbringer sind die Universalwaschmittel mit 1,18 Milliarden Euro. Dahinter folgen die Reinigungsmittel (861 Millionen Euro) und die Geschirrspülmittel (702 Millionen Euro).Auch international ist für die Hersteller das organische Wachstum kein Selbstläufer mehr. Die Wachstumsaussichten im internationalen Markt für Pflege- und Reinigungsprodukte werden für das laufende Jahr auf ein bescheidenes Plus von zwei bis 2,5 Prozent geschätzt. Im Segment Kosmetik werden 3,5 bis vier Prozent (2013 wuchs der Bereich gut fünf Prozent) Steigerung erwartet.Als Hersteller im Markt vertreten sind Kosmetikkonzerne (z.B. LOreal, Beiersdorf), namhafte Konsumgüterkonzerne (z.B. Henkel, Procter & Gamble, Unilever, Reckitt

Benckiser), Spezialchemiehersteller (z.B. Cognis) und Spezialisten wie die Duft- und Aromahersteller Givaudan und Symrise. Die Top 3 Anbieter in Sachen Kosmetik sind LOreal, Procter & Gamble und Unilever. Bei Reinigungsutensilien und -geräten konkurrieren vor allem 3M, Procter & Gamble (Swiffer) und die Freudenberg Haushaltsprodukte KG (bekannt durch Vileda). (9)

Anbieterstruktur und Marktführer

Die Chemiebranche gilt als stark fragmentiert. Die zehn größten Hersteller der Branche haben weltweit nur einen Umsatzanteil von einem Zehntel. Dies wird durch die seit einigen Jahren anhaltende Konsolidierungsbewegung korrigiert. In Teilsegmenten, etwa bei Industriegasen (Linde, Air Liquide), Pflanzenschutzmitteln (Syngenta, Monsanto) oder Aromastoffen (Givaudin, Firmenich), dominieren bereits einige wenige global agierende Anbieter das Geschehen.

Top 10 Deutschland: Unter den deutschen Chemieherstellern (ohne Pharma) wird die Liste der Top Ten angeführt von BASF S.E., Bayer AG, Linde AG, Henkel KGaA und Evonik. Dahinter liegen Merck, Lanxess, Beiersdorf, B. Braun Melsungen, Wacker Chemie und K+S. Zu den großen deutschen Pharma- bzw. Gesundheitskonzernen zählen

Fresenius und Boehringer Ingelheim. (10), [Abb. 1]

Top 10 International: International liegt die deutsche BASF an der Spitze, gefolgt von Dow Chemical (USA), Lyondell-Basell (NL) und Dupont (USA). Akzo Nobel (NL) führt bei Farben und Lacken, Air Liquide (F) bei den Industriegasen, DSM ist der weltgrößte Vitaminhersteller. Gelistet werden auch Exxon (USA), Sinopec (China), SABIC (Saudi-Arabien), Shell (NL), Mitsubishi Chemicals (Japan), Ineos (GB) und Total (F).

BASF Ludwigshafen, das deutsche Flaggschiff und Aushängeschild für Chemie und Kunststoffe, erwirtschaftete 2013 mit 112 206 Beschäftigten einen weltweiten Umsatz von rund 73,97 Milliarden Euro. Im ersten Halbjahr steigerte der Konzern sein Ergebnis bei stabilem Umsatz leicht. Trotz nachlassender Nachfrage kletterten Umsatz und Ergebnis im dritten Quartal: Verglichen mit dem Vorjahresquartal wuchs der Umsatz um drei Prozent auf 18,3 Milliarden Euro. Hauptgrund hierfür waren stark gestiegene Mengen im Erdgashandelsgeschäft. Archroma wird voraussichtlich das globale BASF-Geschäft mit Textilchemikalien kaufen. Archroma ist ein Anbieter von Spezialchemikalien für die Textil- und Papierindustrie sowie für Emulsionen. (11)

EU und Weltwirtschaft: China ist

Chemieproduzent Nr. 1

Der Weltchemiemarkt hatte 2013 ein Volumen von rund 4,1 Billionen Euro. Regional betrachtet ist Asien der größte Chemieproduzent. Weit über die Hälfte des globalen Chemieumsatzes wird von asiatischen Ländern erwirtschaftet. Europa und Nordamerika folgen auf Platz zwei und drei.
70 Prozent der globalen Chemieumsätze entfallen auf zehn Länder. China ist der weltgrößte Chemieproduzent. Das Reich der Mitte überholte die USA im Jahr 2009. 2013 setzte China Chemikalien im Wert von knapp 1,3 Billionen Euro um und hielt damit rund 30 Prozent des Weltmarktanteils. Im vergangenen Jahrzehnt wuchs die chinesische Chemieproduktion mit durchschnittlich 15 Prozent pro Jahr. Seit dem Jahr 2012 schwächt sich diese Dynamik zwar ab, doch der Weltmarktanteil wird weiter steigen. Im laufenden Jahr wird die Chemieproduktion um rund neun Prozent zulegen.

Deutschland konnte 2013 seinen vierten Platz im weltweiten Ranking behaupten. Ebenfalls unter den Top 10 sind Frankreich, Italien und die Schweiz. Neben China sind auch Japan, Südkorea und Indien in der Top-Liga. Die USA und Brasilien sind die Vertreter Amerikas in der Top 10-Liste. (12), (13), [Abb. 2], [Abb. 3]

Im ersten Halbjahr verlief das deutsche

Chemiegeschäft in den einzelnen Regionen unterschiedlich. In den europäischen Staaten legte der Umsatz leicht zu. Insbesondere der Umsatz mit den osteuropäischen Ländern entwickelte sich positiv (plus drei Prozent). Der Auslandsumsatz mit den NAFTA-Staaten konnte kräftig ausgeweitet werden (plus fünf Prozent). Angesichts einer robusten US-Konjunktur waren dort vor allem Pharmazeutika und Spezialchemikalien gefragt. Das Geschäft mit Asien stieg lediglich um 0,5 Prozent. Deutlich im Minus lag der Auslandsumsatz mit Lateinamerika (minus 10,5 Prozent) und Afrika (minus 3,5 Prozent). Die Nachfrage aus den Schwellenländern war im ersten Halbjahr keine Stütze für das Geschäft der deutschen Chemiebranche. (4)

In Asien, Südamerika und Osteuropa wächst die Nachfrage nach chemischen Produkten derzeit am stärksten. Auch in Indien, Indonesien und im Mittleren Osten expandiert die Chemie. Länder wie Saudi-Arabien, die Vereinigten Arabischen Emirate, Katar oder Iran investieren ihre Petrodollar in Grundstoffchemiekapazitäten. Das Wachstum der westeuropäischen Industriestaaten hingegen verlangsamt sich; die Weltmarktanteile der traditionellen Chemiehersteller (USA, Japan und auch Deutschland) schrumpfen.

Innerhalb Europas ist die deutsche chemisch-pharmazeutische Industrie die Nummer 1. Mit 26 Prozent entfällt mehr als ein Viertel des europäischen

Chemieumsatzes auf Deutschland. Weiterhin hält Deutschland seinen Status als Exportweltmeister vor USA, Belgien, China und den Niederlanden. Bemerkenswert ist auch, dass die Bedeutung der ausländischen Niederlassungen deutscher Chemieunternehmen mittlerweile fast die Größenordnung inländischer Betriebe erreicht hat. In 1 427 Unternehmenstöchtern arbeiten laut VCI rund 390 000 Menschen, die einen Umsatz von 191 Milliarden Euro erwirtschaften. Die wichtigsten Standorte sind im europäischen Ausland; die asiatischen Schwellenländer werden wichtiger. Für deutsche Chemieunternehmen ist China nach den USA der zweitwichtigste Auslandsstandort. (10), [Abb. 4]

Trends

Chemiestandort Deutschland verliert an Wettbewerbsfähigkeit

Eine im September 2014 veröffentlichte Studie des Wirtschaftsforschungsinstituts Oxford Economics im Auftrag des VCI zeigt auf, dass der Chemiestandort Deutschland im globalen Wettbewerb an Schlagkraft einbüßt. Zwar sei die deutsche Chemiebranche nach wie vor exportstark - das belege die mit 60 Prozent hohe Exportquote -, und die Außenhandelsüberschüsse seien gewachsen, doch der Anteil Deutschlands am Weltchemiehandel und an der Weltchemieproduktion sinke. Dies sei anhand der Daten der letzten zwei Jahrzehnte zu beobachten: Zwischen 1995 und 2013 sei der deutsche Anteil am Weltexportmarkt von 15 Prozent auf 11 Prozent gesunken. Seit dem Jahr 2008 verstärke sich der Trend. Die deutsche Chemieindustrie befinde sich in einer Wachstums- und Investitionsschwäche. Seit 2011 konnten weder die Produktion noch die Investitionen am Standort Deutschland ausgeweitet werden. Die zunehmende Konkurrenz aus China, Indien, Saudi-Arabien und aus den USA koste der deutschen Chemieindustrie Marktanteile. Die wichtigsten Stellschrauben, an denen zu drehen wäre, seien gemäß der Marktforscher niedrigere Energie- und Rohstoffkosten, eine weniger ehrgeizige Klimapolitik und höhere Forschungsausgaben, die noch bessere Ideen hervorbringen. (14), (15)

Chemiebranche will Energiewende voranbringen

Die deutsche Chemiebranche ist sich bewusst, unter welchem Innovationsdruck sie steht. Eines ihrer Ziele bei der Forschung und Entwicklung ist es, neben der

Elektromobilität auch die Energiewende entscheidend voranzubringen. Dazu will sie ihre Anstrengungen zur Energieforschung erhöhen. Chemiefirmen forschen bereits an Lösungen für Stromerzeugung, Stromleitungen, Energiespeicherung und effiziente Energienutzung. Bei Windrädern können innovative Materialien aus der Chemie die Energieeffizienz der Flügelturbinen steigern, die Baukosten senken und Gewicht einsparen. Auch entwickelt die chemische Industrie neue Produktionsverfahren, mit denen sich Hochtemperatur-Supraleiter zur effizienten Stromleitung rationeller und umweltschonender herstellen lassen. Gearbeitet werde auch an der nächsten Generation leistungsstarker Batterien - etwa an Lithium-Schwefel- oder Lithium-Luft-Batterien - sowie an energiesparenden Displays, für die optisch transparente und lichthärtende Klebstoffe geschaffen würden. (3)

Zahlen & Fakten

Abbildung 1: Die 20 umsatzstärksten deutschen Chemieunternehmen

Rang	Unternehmen	Umsatz in Millionen Euro	Beschäftigte
1	BASF SE	73.973	112.206
2	Bayer AG	40.157	113.200
3	Fresenius SE & Co.KGaA	20.331	178.337
4	Linde AG	16.655	63.487
5	Henkel AG & Co.KGaA	16.355	46.850
6	Boehringer Ingelheim	14.065	47.492
7	Evonik Industries AG	12.874	32.995
8	Merck KGaA	11.095	38.154
9	Lanxess AG	8.300	17.000
10	Beiersdorf AG	6.141	k.A.
11	B. Braun Melsungen AG	5.170	48.264
12	Wacker Chemie AG	4.479	16.009
13	K+S AG	3.950	14.421
14	Stada Arzneimittel AG	2.014	9.154
15	Westfalen AG	1.860	1.371
16	Fuchs Petrolub AB	1.832	3.846
17	Symrise AG	1.830	6.105
18	Altana AG	1.765	5.741
19	SGL Carbon SE	1.477	6.284
20	DAW SE	1.230	5.480

Quelle: Verband der Chemischen Industrie (VCI)

Entnommen aus: Daten und Fakten zur Branche im Überblick. Branchenporträt zur deutschen chemischen Industrie 2014 (VCI) (10)

Abbildung 2: Deutschland auf Platz 4

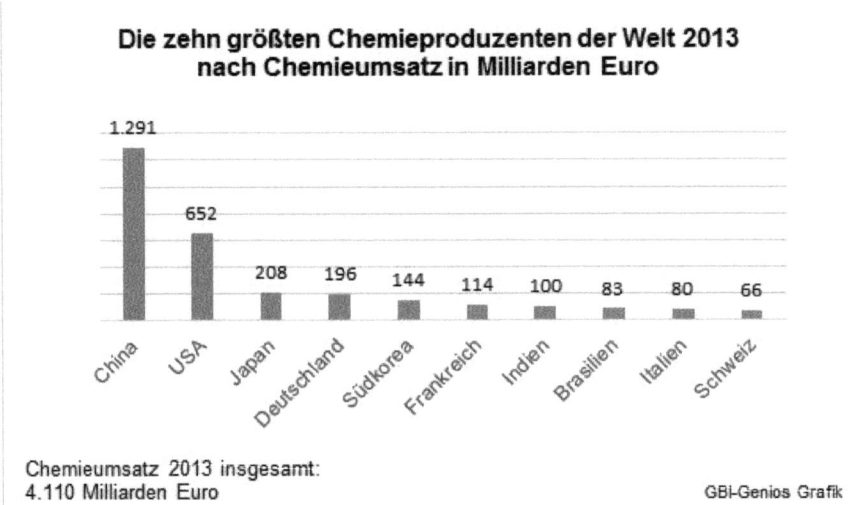

Die zehn größten Chemieproduzenten der Welt 2013 nach Chemieumsatz in Milliarden Euro

Chemieumsatz 2013 insgesamt:
4.110 Milliarden Euro

GBI-Genios Grafik

Quelle: Chemdata International, VCI Entnommen aus: Daten und Fakten zur Branche im Überblick. Branchenporträt zur deutschen chemischen Industrie 2014 (VCI) (10)

Abbildung 3: Deutschland führender Anbieter in der EU

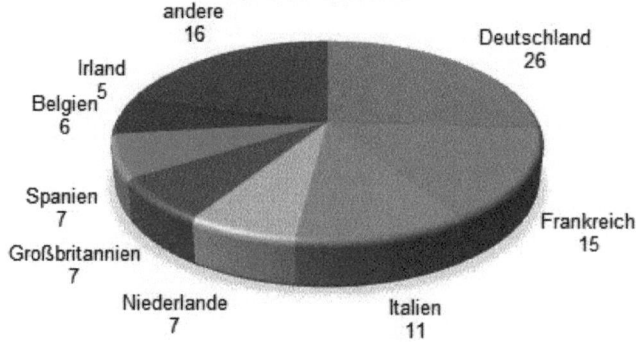

Anteile der Länder an den Chemieumsätzen der EU 2013 in Prozent

andere 16
Deutschland 26
Irland 5
Belgien 6
Spanien 7
Großbritannien 7
Niederlande 7
Italien 11
Frankreich 15

Chemieumsätze insgesamt: 758 Milliarden Euro

GBI-Genios Grafik

Quelle: Chemdata International, VCI Entnommen aus: Daten und Fakten zur Branche im Überblick. Branchenporträt zur deutschen chemischen Industrie 2014 (VCI) (10)

Abbildung 4: Deutschland ist Exportweltmeister

21

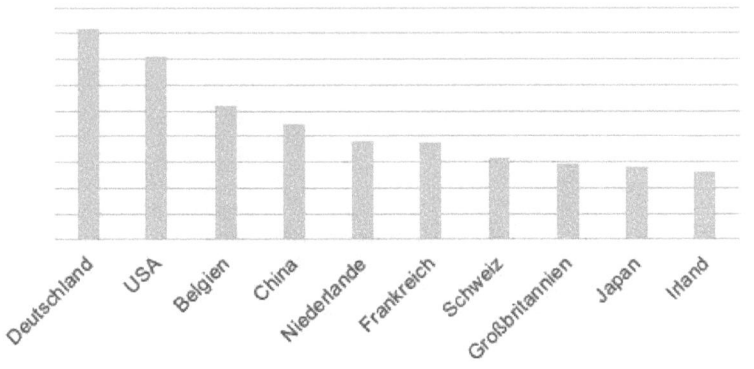

**Die Top 10 Chemieexporteure 2013
in Milliarden Euro**

Deutschland · USA · Belgien · China · Niederlande · Frankreich · Schweiz · Großbritannien · Japan · Irland

GBI-Genios Grafik

Quelle: Chemdata International, VCI Entnommen aus: Daten und Fakten zur Branche im Überblick. Branchenporträt zur deutschen chemischen Industrie 2014 (VCI) (10)

Weiterführende Literatur

(1) Dämpfer für das deutsche Chemiegeschäft aus chemie.de News vom 03.09.2014

(2) Chemiekonjunktur und EEG Wind des Aufschwungs weht durch die Chemieindustrie aus www.process.de vom 11.07.2014

(3) "Ohne intelligente Chemie keine Energiewende" aus VDI NR. 35 VOM 29.08.2014 SEITE 13

(4) Ausführungen von Herrn Karl-Ludwig Kley, Präsident des Verbandes der Chemischen Industrie (VCI)
aus VDI NR. 35 VOM 29.08.2014 SEITE 13

(5) Industriegase - Stabsübergabe bei Weltmarktführer Linde
aus GENIOS BranchenWissen Nr. 06 vom 27.06.2014

(6) Halbjahresergebnis Linde zeigt sich im ersten Halbjahr 2014 stabil
aus www.process.de vom 29.07.2014

(7) Die Pflanzenschutz- und Düngemittelindustrie in Deutschland
aus www.process.de vom 29.07.2014

(8) Syngenta steht vor gutem Herbst SchweizDer Agrokonzern stagniert. Doch die Momentaufnahme eines Halbjahres täuscht: er bleibt gut aufgestellt.
aus Finanz und Wirtschaft vom 26.07.2014, Seite 9

(9) Reinigung und Kosmetik - Wachstum ist kein Selbstläufer
aus GENIOS BranchenWissen Nr. 08 vom 19.08.2014

(10) Branchenporträt der deutschen chemisch-pharmazeutischen Industrie
aus GENIOS BranchenWissen Nr. 08 vom 19.08.2014

(11) BASF Quartalsergebnis BASF steigert Umsatz trotz nachlassender Nachfrage um 3 %
aus www.process.de vom 24.10.2014

(12) Weltweite Chemie: Schwellenländer gewinnen Marktanteile
aus - CHEManager vom 11.09.2014, Heft 17/2014, Seite 16

(13) Chinas Chemie wächst langsamer
aus - CHEManager vom 17.07.2014, Heft 13-14/2014, Seite 4

(14) Oxford Economics Studie Chemiestandort Deutschland verliert laut Studie an Wettbewerbsfähigkeit
aus www.process.de vom 29.09.2014

(15) Deutschland verliert gegen internationale Konkurrenz
aus VDI NR. 41 VOM 10.10.2014 SEITE 8

Impressum

Branchenreport CHEMIE & KUNSTSTOFFE Ausgabe 2/2014

Bibliografische Information der deutschen Nationalbibliothek

Die Deutsche Nationalbibliothek verzeichnet diese Publikation in der deutschen Nationalbibliografie; detaillierte bibliografische Daten sind im Internet über http://dnb.d-nb.de abrufbar.

ISBN: 978-3-7379-5660-4

© 2015 GBI-Genios Deutsche Wirtschaftsdatenbank GmbH, Freischützstraße 96, 81927 München, www.genios.de

oder ähnliche Einrichtungen und die Einspeicherung und Verarbeitung in elektronischen Systemen.